1 騒音の人体に及ぼす影響

（1）音の特徴を知る

① 音の要素

　空気中で物体が振動すると、それを取り巻く空気も一緒に振動します。その空気の振動が伝わっていく現象を音波と呼びます。音には、周波数、音圧、波形などの要素があります。

◆ 音の要素

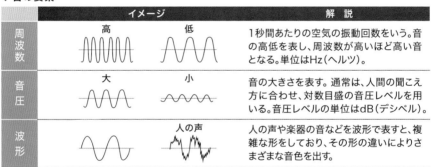

	イメージ	解　説
周波数	高　　　　低	1秒間あたりの空気の振動回数をいう。音の高低を表し、周波数が高いほど高い音となる。単位はHz（ヘルツ）。
音圧	大　　　　小	音の大きさを表す。通常は、人間の聞こえ方に合わせ、対数目盛の音圧レベルを用いる。音圧レベルの単位はdB（デシベル）。
波形	人の声	人の声や楽器の音などを波形で表すと、複雑な形をしており、その形の違いによりさまざまな音色を出す。

◆ 騒音レベルの
　おおよその目安

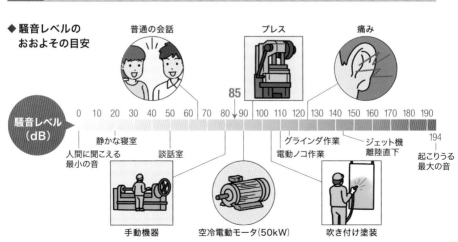

出典：「イラストで見る よくわかる騒音 騒音防止の原理と対策」、中央労働災害防止協会、2020をもとに作成

2

② 音の伝わり方

（ア）音の反射と遮音

音は、空気中を伝わる途中で壁や床、天井などの硬い物により、反射します。硬い物で遮られると、その先に伝わる音は小さくなり、これを遮音といいます。

建設現場など、敷地を遮音壁で囲うと外部への音漏れは小さくなりますが、敷地内で作業する労働者の騒音ばく露は大きくなることがあります。

（イ）音の干渉

壁などで囲まれた場所では、音源からの距離によらず特定の場所で音が大きくなることがあります。これは、反射した音が重なり合って干渉するためです。

労働者が、特定の場所で待機することが想定される場合には、その場所で干渉による音の増幅がないことを、騒音計などで確認しましょう。

（ウ）音の回折

音は、空気中を伝わる途中である高さの壁などがあっても、その上を回り込んで伝わることがあります。これを回折といいます。

このため、高めのついたてで音源との間を仕切っても、天井近くの隙間から音が回り込むことも想定する必要があります（図）。

（エ）音の吸収

音は、壁や天井などに柔らかい布や綿、凹凸のある板などがあると、反射せずに吸収されることがあります。

（オ）距離による減衰

音は、広がりながら空気中を伝わります。音源から離れると音が小さくなり、やがて聞こえなくなります。

音源に近づき距離が半分になると、音源が4つ分の大きい音になりますから、少しでも音源からの距離を確保しましょう。

音の回折

（2）耳のしくみと聞こえ方

　私たちがふつう「耳」と呼んでいるのは、顔の両側にある耳介という部分で、これは複雑な構造を持つ耳全体のごく一部にすぎません。本当の耳の仕事は、頭骨の中に埋まっているとても複雑な部分で、精巧に行われています。

　図にあるように、耳は、外耳、中耳、内耳の３つの部分に分けることができます。外耳は、外から見える耳介と、それに続く外耳道、そして鼓膜からできています。鼓膜の奥にある小さな部屋を中耳といいます。「中耳」には、耳小骨と総称される３個の小さな骨があり、鼓膜の振動を内耳へと伝えます。耳で一番複雑で大事な役割を果たしているのが、この「内耳」です。ここには、音を聞くための蝸牛（かたつむり）と、体のつりあいをとる三半規管という２つの感覚器が隣り合っています。

　鼓膜が振動すると、中耳の３つの骨により1,000倍程度にまで増幅されて内耳に伝わります。内耳にある蝸牛の中には、音を感じる細かい毛（センサー）がじゅうたんのように生えています。この毛はとてもデリケートで、大きな音が入ると損傷してしまいます。

耳の構造図

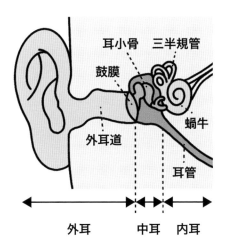

耳小骨　三半規管

鼓膜

外耳道

蝸牛

耳管

外耳　　中耳　内耳

（3）騒音性難聴

　大きな音にさらされると、不快に感じますが、だんだんに慣れていきます。しかし、5年、10年と長い期間にわたり大きな音にさらされ続けると、聴力が低下し元に戻らなくなります。これを騒音性難聴といいます。

① 聴力低下の初期症状

　騒音性難聴は、少しでも兆候がみられたら耳鼻科医の診察を受けることが望まれますが、騒音による聴力低下は、はじめは自覚しにくいということを知っておきましょう。

　騒音性難聴は、高い音だけが聞こえにくくなっていきます。電子体温計のビープ音を聞き逃す程度で会話に支障はありませんが、このときに聴力検査をすると異常所見が見られます。やがて会話においても子音の聞き取りが難しくなり、聞いてすぐに意味をとれない、カ行とサ行を聞き間違えるなどが繰り返し起こるようになります。

② 聴力低下のいろいろな原因

　騒音性難聴は、内耳にある音を感じるセンサーが徐々に損傷するため、聴力の回復を見込めません。加齢による難聴、メニエール病、突発性難聴などによっても同じような症状が出ることがあります。

　音は、外耳、中耳を通って内耳に届くことから、外耳に付着する耳あかなどの障害物や中耳炎などによって音の通路がふさがれることでも聞こえにくくなります。聴力低下は、その原因により講ずべき対策が異なってきます。

聞き間違いやすい例

佐藤 さん → 加藤 さん
さとう　　　　 かとう

と聞こえる。

③日常生活への影響

同僚や家族との
コミュニケーションが
うまくいかない

生活上必要な
信号情報を
キャッチできない

イヤホン・ヘッドホン等で
音声・音楽を聞けない

耳鳴りがする

テレビやラジオを
楽しめない

（4）聴力検査と騒音健康診断

① 精密な聴力検査

　聴力は、単に聞こえる/聞こえないで表されるものではなく、2ページに示した音の要素に応じて、周波数ごとにどの程度の大きさの音を聞くことができるかを検査する必要があります。

② 簡易な聴力検査

　上に述べた精密な聴力検査は、防音室のような静かな環境で、周波数ごとに聞き取れる最小の大きさの音を確認していく手間のかかる作業です。はじめて騒音作業に就くときは、職場で精密な聴力検査を行いますが、2回目以降は、簡易な聴力検査を行うことが普通です。

　簡易な聴力検査では、1,000Hz と4,000Hzの2つの周波数について、30dBという大きさの音が聞こえるかどうかでスクリーニングをします（4,000Hzについては、念のためこれより小さい音でも確認します）。卓上の検査機器を用いて職場の会議室などでも行うことができます。あくまでスクリーニングですから、異常値が出た場合は、必ず精密な聴力検査に移行します。

③ 騒音健康診断の実施

　プレス機器が稼働する作業場、トンネル掘削工事が行われる作業場、コンクリートカッタを使用する道路工事現場など、騒音作業に常時従事する労働者に対しては、事業者が騒音健康診断を実施します。事務作業などを含め全ての労働者に対して実施する年1回の一般定期健康診断とは別です。自らが機器を操作しなくても、騒音がある作業場で補助作業を行う労働者も、騒音作業に従事する労働者に該当します。

　表に示すとおり、騒音作業にはじめて就くときに行う雇入時等健康診断では、精密な聴力検査を行います。

〈 騒音作業に常時従事する労働者が受ける騒音健康診断 〉

健康診断の種類	実施時期	項　目
雇入時等 騒音健康診断	・雇入れ時 ・騒音作業への配置替え	● 既往歴、業務の調査 ● 自他覚症状の有無検査 ● オージメータによる気導純音聴力検査 ● 医師が必要と認める検査
定期 騒音健康診断	・6か月以内ごと	● 既往歴、業務の調査 ● 自他覚症状の有無検査 ● オージメータによる選別聴力検査 【二次検査】 ● オージメータによる気導純音聴力検査 ● 医師が必要と認める検査

❶ 騒音の人体に及ぼす影響

2 聴覚保護具の使用

　作業場の騒音については、作業環境の工学的対策や、作業工程・方法の改善などの対策を行います。しかし、十分に抑えられないこともあります。次善の策として、ガイドラインにも示されている選定基準に見合った耳栓や耳覆い（イヤーマフ）などの聴覚保護具の着用が必要となります。

（1）聴覚保護具の種類と性能

① 耳栓

　耳栓には、発泡型（フォームタイプ）と成形型があります。

ウレタンフォーム

（ア）発泡型

| 特　徴 | ・ウレタンフォーム製で、安価です。
・細くつぶした状態で、耳に挿入します。
・サイズはフリーサイズです。 |

| 装着方法 | 耳栓を挿入する場合には、例えば右耳に挿入する時は、右手で耳栓の端を持ち、左手を頭上から回して、耳の上部をつまみます。
外耳道に入れやすくなりますので、耳栓を挿入します。 |

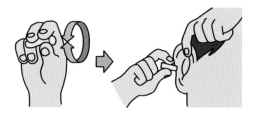

| 維持管理 | ・皮脂や粉じんで劣化するので、汚れたら交換します。
・弾力性がなくなったまま使用すると、遮音効果が半減します。 |

（イ）成形型

特　徴 ・プラスチック製で、材質はさまざまです。
・重機やプレス機の近くなどで装着しても、会話や合図ができる低遮音性タイプのものがあります。
・形が決まっているので、耳にあったサイズを選びましょう。

装着方法 左手でつまんだ耳の上部を軽く上へ引き上げます。
外耳道に入れやすくなりますので、耳栓を挿入します。

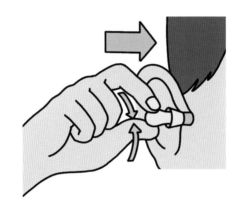

維持管理 使用後は、清潔にしてケースに入れて保管します。汚れてきたら中性洗剤などで傷をつけないように洗いましょう。汚れや変形のため十分な遮音性能が得られない場合は、交換します。

本体
ひも
軟質プラスチック

ひも
本体
硬質プラスチック

2
聴覚保護具の使用

② 耳覆い（イヤーマフ）

　音をさえぎるために耳の周りを覆うもので軟らかいクッションがついています。

（ア）ヘッドバンドタイプ

特　徴
　　・ヘッドバンドの弾性により吸音材を内装したカップを耳の外周に
　　　押し当て遮音します。
　　・保護帽との併用はできません。

装着方法
ヘッドバンドの調整部分を十分に伸ばし、ヘッドバンドを頭の上にか
けて、カップ部分が耳を完全に覆うように着けます。片手でヘッドバ
ンドを押さえながらカップ部分を動かして、頭にフィットするように
ヘッドバンドの長さを調節します。

維持管理
使用後は、カップを軽く湿らせた布で拭きます。クッション部が変形
してしまったものは、十分な遮音性能が得られないので交換しま
しょう。

（イ）保護帽装着タイプ

特　徴
・保護帽装着タイプは、スプリングの弾性により吸音材を内装した
　カップを耳の外周に押し当て遮音します。
・保護帽に取り付けるタイプなので、取り付けられる保護帽を確認
　しておきます。

装着方法
保護帽に耳覆いを取り付けます。
保護帽を装着し、その後耳覆いを耳に装着します。カップ部分が
耳を完全に覆うようにスプリングの長さなどを調整します。

維持管理
使用後は、カップを軽く湿らせた布で拭きます。クッション部が変形
してしまったものは、十分な遮音性能が得られないので交換しま
しょう。

（2）聴覚保護具の効果確認

　聴覚保護具を着用したら、その装着状態と効果の確認を実施しましょう。正しく装着できているか確認し、その聞こえ方を着用者自身が理解することで、日々の作業における聴覚保護具の正しい装着につながっていきます。

自分の声とそれ以外の音を聞き、自分の声が大きく聞こえ、周辺の音が小さく聞こえることを確認します。
耳栓の場合は、手のひらで耳全体を覆い、その後手のひらを外すことを繰り返し、それぞれで周辺の音の聞こえ方に違いがないかを確認します。音の聞こえ方に大きな違いがある場合は、装着が不十分である可能性が高いので、いったん耳栓を取り外して再度装着をしましょう。

フィットテストは、専用の測定機器を使って実施します。最小可聴閾（どれだけ小さい音が聞こえるか）を測定する方法と聴覚保護具内外の音圧差を測定する方法があります。

フィットテストでは、実際の遮音性能が数値で示されるため、十分な遮音性能が確保できているか、必要以上に過大な遮音となっていないか、などを着用者ごとに確認できます。

最小可聴閾を測定する機器

～こんな時には～

Q.1 耳が聞こえにくくなり、騒音がそれほど気にならないけれど…

トンネル掘削の仕事を長くしており、最近は"耳が遠く"なりました。削岩機の作業は、音が響くのでみな担当したがりませんが、自分はそれほど気になりません。耳栓をつけなくてもよくなったのでしょうか。

A.1

聴力が低下して大きな音が気にならなくなっても、騒音により内耳への損傷は依然として起こっています。さらなる聴力の低下は、会話やテレビが聴き取りづらくなるなど、日常生活に支障をきたしますので、騒音へのばく露はできるだけ避けましょう。必要な場合は、聴覚保護具をしっかり装着してください。

Q.2 第Ⅰ管理区分だが、耳がキーンとする。

ハンマー作業を続けていると、家に帰ってから耳がキーンと鳴ります。騒音測定をすると、第Ⅰ管理区分で問題ないということですが心配です。

A.2

職域では、等価騒音レベル85dB未満とするよう管理することとされていますが、安全レベルではないので、騒音ばく露はできる限り小さくするようにしましょう。ハンマー作業のような衝撃音については、瞬間的に120-140dBになり内耳を損傷するおそれがあるので、等価騒音レベルにかかわらず聴覚保護具を使用しましょう。

【 騒音障害防止のための
ガイドライン対応 】

騒音障害を防ごう

令和 5 年 9 月 8 日　第 1 版第 1 刷発行
令和 6 年 6 月 17 日　　　　第 3 刷発行

編　　者　中央労働災害防止協会
発 行 者　平山 剛
発 行 所　中央労働災害防止協会

　　　　　〒108-0023　東京都港区芝浦 3 丁目 17 番 12 号 吾妻ビル 9 階
　　　　　電 話〈販 売〉03（3452）6401
　　　　　　　　〈編 集〉03（3452）6209
　　　　　ホームページ　https : //www.jisha.or.jp

印　　刷　一誠堂株式会社
デザイン　長嶋 亜希子
イラスト　萩原 まお